AF319403

# UNIVERSITÉ DE FRANCE.

## ACADÉMIE DE STRASBOURG.

# ACTE PUBLIC
# POUR LA LICENCE,

PRÉSENTÉ

### A LA FACULTÉ DE DROIT DE STRASBOURG,

ET SOUTENU PUBLIQUEMENT

Le Samedi 21 Mars 1846, à midi,

PAR

## XAVIER G'SCHWIND,

DE THANN (HAUT-RHIN).

## STRASBOURG,

IMPRIMERIE DE V.ᵉ BERGER-LEVRAULT, RUE DES JUIFS, 33.

### 1846.

AU SOUVENIR DE MON PÈRE.

X. G'SCHWIND.

A MA MÈRE

ET

A MES SŒURS.

X. G'SCHWIND.

# FACULTÉ DE DROIT DE STRASBOURG.

## PROFESSEURS.

MM. Rauter ✳, Doyen et professeur de procédure civile et de législation criminelle.

Bloechel, Professeur de Droit civil français.

Hepp, Professeur de Droit des gens.

Heimburger, Professeur de Droit romain.

Thieriet ✳, Professeur de Droit commercial.

Aubry ✳, Professeur de Droit civil français.

Schützenberger ✳, Professeur de Droit administratif.

Rau, Professeur de Droit civil français.

## PROFESSEURS SUPPLÉANTS.

MM. Eschbach.

Destrais.

M. Pothier, Secrétaire, agent comptable.

M. Bloechel, Président de la thèse.

Examinateurs MM.
| Bloechel, | |
| Rauter ✳, | Professeurs. |
| Hepp, | |
| Eschbach, Professeur suppléant. | |

*La Faculté n'entend ni approuver ni désapprouver les opinions particulières au candidat.*

# JUS ROMANUM.

## DE DOMICILIO.

### GENERALIA.

Ante ipsa domicilii penetralia quam introeamus, ut ordine poscenti progrediamur, sine quo nihil, nec ipsa natura subsistere potest, statim ab ipsa vocis etymologia auspicium faciemus, qua plerumque cognitio rei in lucem maxime proditur, quapropter non facile negligenda est.

Quidam autem auctor[1], hanc vocem ita exponere non dubitavit, ut domicilium sit quasi cilium domûs.

Nobis vero, ut omittamus aliorum conjecturas, non dubium subit, quin vocabulum domicilii, a nomine domus et colere oriatur; et id maxime probandum, tum quod incola domicilium facit. Nostra opinione nulla alia origo huic vocabulo videtur adsignanda, sicut enim accola, incola, agricola, ex eadem fonte derivantur.

Posthæc breviter divisionem domicilii sic percudamus. Est autem domicilium vel commune, vel proprium.

## TITULUS PRIMUS.

### DE DOMICILIO COMMUNI.

Domicilium commune rursus divisionem recipit, nam aut est universale, aut originis; hunc igitur titulum in duo capita compartiemur.

### CAPUT PRIMUM.

#### *De Domicilio universali.*

##### Sectio I.

#### *Notio domicilii universalis.*

Communis patria, seu domicilium universale omnium Romanorum civium, quocumque loco degentium, olim erat Roma. *Roma*, inquit

---

1 Mart. MARTIN, in Lexic. etym.

Modestinus, *communis nostra patria est :* L. 33, D. ad municipalem et de incolis, 50, 1. — Videte etiam, L. 6, §. 11, D. de excusationibus, 27, 1. — L. ult. de interdictis, etc. — L. 8, 22 et L. 9, in princip. D. de vacat. munerum. Sic etiam denique Cornelius Nepos, *in Vita Pomponii Attici*, Romam orbis terrarum domicilium vocat.

Hæc autem appellatio non statim ac ipsa urbs nata, sed longo tempore post demum usurpata est, quamvis enim omnes romano imperio subjecti, certo respectu cives ejusdem dici potuerint, attamen jura civitatis romanæ propria, paucissimi consequebantur; hoc jus civitatis, ut ita dicam, intra mœnia coarctatum exteris perraro, nec nisi præmium singularis virtutis concedebatur; omnes qui extra urbem erant, nec jus illud specialiter datum acceperant, pro peregrinis habebantur.

Postquam vero pravi mores dominari, et inter alia, etiam hoc civitatis jus, virtutis olim præmium venale fieri cœpit, per sordes fere et gratiam, sensim quidam municipes, post omnes Itali, et paulatim provinciæ quædam hoc jure donatæ sunt. Inde imperator Antonius Pius legem tulit, qua omnes qui imperio romano subditi essent, cives romanos effecit qua de re testis ULPIANUS, in lege 17, de statu hominum. Idque jus postea ab imperatore Justiniano ad libertos etiam extensum, ut omnes, in toto orbe romano, cives dicerentur romani; ita tamen, ut nihilominus certi gradus inter eos manerent, et alii haberent jus suffragii, alii non. L. unic., C. de latin., liber. toll., 7, 6, §. 3, Instit. de libert., Novell. 78, in princ.

### SECTIO II.

### *Qui sunt effectus domicilii universalis.*

Effectus hujus domicilii olim erant permagni et inter eos etiam hic, quod quilibet Romæ conveniri potuerit, perinde ut quivis alius civis in suo proprio domicilio (Arg., L. 2, §. 4, 5, et L. 24, D. de judiciis).

Id etiam apertius constat ex lege 28, §. 4, D. ex quibus causis majores, 4, 6.

Mansit tamen nihilominus differentia inter privatum et commune domicilium, quod in illo simpliciter se defendere debuerit, sive fuerit absens sive præsens. Romæ autem in communi illo domicilio solum legitur præsens conveniri potuisse, et si ibidem reperiebatur (Arg. ex legib. supr. dictis).

Sed ab hac necessitate Romæ se defendendi, ubi conventi essent, quidam eximebantur, quibus jus concessum est, revocandi rem domum, id est, in eum locum, ubi conventi domus, sive privatum domicilium esset.

Ii quibus jus revocandi domum competebat, erant :

1.° Legati scilicet, qui legatione pro civitate sua Romæ fungebantur.

2.° Generaliter omnes ii qui ob aliam necessariam causam Romam venissent; quo in numero fuerunt, exempli gratia, qui testimonii dicendi causa erant vocati; item qui judicandi causa arcessiti sunt, ut videre est in fragmento 2, §. 3, D. de judiciis, 5, 1.

Sed utrique huic generi revocandi domum sub conditione data est facultas. Legatis quidem, nisi in legatione contractum inissent, cæteris autem, si non contraxissent ibi ubi conveniebantur, id est Romæ; et id intelligendum est, hoc privilegio legatos gaudere non potuisse, si non ante legationem in legatione vero contraxissent; cæteros, si Romæ contraxissent, et ex ista causa legati et cæteri Romæ convenirentur (L. 2, §. 4, D. de judiciis, 5, 1).

## CAPUT SECUNDUM.

### *De domicilio originis vel naturali.*

#### Sectio I.

#### *Notio domicilii originis.*

Domicilium originis nihil aliud est quam patria, id est locus ubi quis natus est.

Hoc domicilium originis sic appellatur, quia nempe non facto aut habitu, sed naturaliter ab ipsa natura seu nativitate, tam ex propria quam parentis persona a quolibet infante, masculo et fœmina, statim ac nascitur, acquiritur.

Non ambigitur enim quin nascendo regulariter sortiamur aliquam habitationem, eamdem nempe, quam pater sibi tunc temporis constituit et quam, ob id, patriam appellamus.

### Sectio II.

#### *Qui sunt effectus domicilii originis.*

Plane jure romano domicilium originis duplicem potissimum habuit effectum : primum, ut civis originarius in domicilio originis seu patrio ad munera municipum et honores vocaretur, licet alibi quoque domicilium proprium constituisset, ut videre est in lege I, C. de municipibus et originariis, X, 38, ibi, cum te Byblium origine, incolam autem apud Berytios esse proponas, merito apud utrasque civitates muneribus fungi compelleris. (Vide etiam L. 5, ibid., et L. 6, C. de incolis, X, 39.)

Deinde ut etiam forum ibi retineret, in quo conveniri poterat, quantumvis forum etiam in proprio domicilio haberet, et id per legem 29, D. ad municip. et de incolis, 5o, I.

# TITULUS II.

## DE DOMICILIO PROPRIO.

Absoluta nominis explicatione, quæ merito præcedere debuit, et paucis de domicilio universali et originis præmissis, recte jam poscente methodo, ad ipsius rei tractationem specialem progredimur, et in limine et frontispicio statim, ut intelligatur, quid sit id, de quo tractatur, rei definitionem præfigimus, seu descriptionem, descriptio enim in jure definitionem valet.

Domicilium proprium nihil aliud est quam habitatio et sedes, quam quis in alio loco constituit, ut ibi sit et perpetuo maneat, nisi quid avocet.

Communiter autem Doctores domicilium describentes, ad rescriptum Diocl. et Maxim. provocant. L. 7. C. de incolis, quo ibi quis domicilium dicatur habere, *ubi quis larem, rerum ac fortunarum suarum summam constituit, unde rursus non sit discessurus, si nihil avocet, unde cum profectus est, peregrinari videtur, quod si rediit, peregrinari jam destitit.* Eam definitionem reprehendit Donellus, et notat domicilium non ineleganter, sed majore venustate quam certitudine definiri.

Jam nunc divisionem domicilii proprii adeamus. Domicilium proprium aut est necessarium, aut voluntarium, ideoque hanc materiam in duo capita dividendam putamus.

## CAPUT PRIMUM.

### *De domicilio legali seu necessario.*

Domicilium necessarium est, quod quis ex necessitate aliqua aut legis dispositione, alicubi consequitur; et eo sensu dicitur necessarium, quo depositum necessarium, stipulationes necessariæ dicuntur.

Tale domicilium habere existimantur.

1.° Relegatus, in illo loco in quem relegatus est. (L. 22, §. 3, D. ad municipalem et de incolis 50, 1.) Ita ut in eo, ob quascumque causas conveniri possit, quamvis etiam illud ex quo relegatus est retineat; Ul-pianus enim ait : «Domicilium autem habere potest et relegatus eo loci, unde arcetur ut Marcellus scribit.» (L. 27, §. 3, D. ad municipalem et de incolis.) Relegatio enim neque bona, neque ullum civitatis jus aufert [1], adeoque caput civitati non eximit. Et hoc etiam in relegatis in perpetuum locum habere videtur, cum et hi civitatem retineant et animum revertendi, ac spem restitutionis foveant. Exhinc fit, quod relegatus interim domicilium necessarium habere dicitur.

Res aliter se habet cum deportatis, quia et illi bona amittunt et civitatem. L. 17, §. 1, D. de Pœnis; L. 8, C. eodem.

---

[1] L. 4. L. 7, §§. 3 et 4, D. de interd. et releg.

2.° Mulier nupta, etiam invita, ex juris necessitate domicilium mariti sequitur et per conditionem mariti in illud transit, ut videre est in plurimis fragmentis, inter quæ notatur lex 38, §. 3, D. ad municipalem et de incolis, ubi : «Item rescripserunt mulierem, quandiu nupta est, incolam ejusdem civitatis videri, cujus maritus ejus est» videte etiam. L. 13, C. de dignitatibus, 12, 1. Idque domicilium matrimonii dicitur in L. 5, D. de ritu nuptiarum, 23, 2.

Hoc vero quod diximus de uxore, intelligi solum debet de uxore vera et legitima, ut constat ex lege 37, §. 2, D. ad municipalem : «Mulieres quæ in matrimonim se dederint non legitimum, non ibi muneribus fungendas, unde mariti earum sunt, sciendum est; sed unde ipsæ ortæ sunt. »

In legitima autem uxore ea, quæ dicta sunt, statim locum habent, quam primum consensu matrimoniali, matrimonium contractum fuerit. Eo enim ipso fit uxor rei humanæ atque divinæ, domus socia[1] et statim cohabitare marito suo eumque sequi debet.

Ex quo ipso simul evidenter apparet, sponsam, etiam de præsenti, ante nuptias contractas, suum domicilium non mutare, nec eamdem in sponsi sui domicilium transire, quæ decisio expressissima invenitur in lege 32, D. ad municipalem et de incolis : «Eaque desponsa est, ante contractas nuptias, suum non mutat domicilium.» Ratio est, quia desponsa nondum ad individuam vitæ societatem non obligata sit, quæ ratio in uxore pugnat.

Retinet autem dictum mariti domicilium, etiam post mortem ejus, vidua, donec se alii viro junxerit, ut videre est in lege 22, §. 1. D. ad municipalem et de incolis : ubi PAULUS ait : «Vidua mulier amissi mariti domicilium retinet, exemplo clarissimæ personæ per maritum factæ : sed utrumque aliis intervenientibus nuptiis permutatur.» Vide etiam L. 9, C. de incolis.

3.° Senatores etiam Romæ domicilium necessario habere videntur,

---

1 L. 4, C. de crimine expilatæ hereditatis, 9, 32.

quod *dignitatis domicilium* dicitur, in lege 8, C. de incolis, X, 39. Et id obtinuit etiam si liberum commeatum, id est, ubi velint, commorandi arbitrium acceperint. L. 22, §. 6, D. ad municipalem.

Pristinum tamen domicilium et originis et habitationis, quoad honores retinent, non vero quoad munera, ut diserte dixit HERMOGENIANUS : « Municeps esse desinit senatoriam adeptus dignitatem, quantum ad munera, quantum vero ad honorem, retinere creditur originem. » L. 23, in princip. D. ad municipalem; videte etiam L. 11, D. de senatoribus, 3, 9. Dignitas enim illa adjectionem potius domicilii dedisse, quam permutasse videtur.

4.° Miles quoque de jure domicilium habet, ubi meret, si nihil in patria possideat, quasi animo ad eum locum adjecta, in quo ad militandum consistere et accipere stipendium cogitur. L. 23, §. 1, D. ad municipalem.

5.° Liberti eorumque filii domicilium sequuntur patroni, ut etsi alibi morentur, attamen domicilium habere existimantur ubi patronus habet.

## CAPUT SECUNDUM.

### *De domicilio reali seu voluntario.*

#### SECTIO I.

##### *Notio domicilii realis.*

Domicilium voluntarium sive reale, dicimus id, quod ex libera voluntate constituitur, citra ullam juris necessitatem, et de hoc domicilio accipiendum est quod jurisconsultus MARCELLUS respondet in lege 31, D. ad municipalem : « Nihil est impedimento, quo minus quis, ubi velit habeat domicilium quod ei interdictum non est. »

#### SECTIO II.

##### *De domicilii realis constitutione et mutatione.*

Circa modum constituendi domicilium voluntarium (nam de necessario res plana est) controversatur quæstio. Quidam enim dicunt, quod solus animus sufficiens sit ad constituendum domicilium, per legem 6, C. de incolis, ibi „Privilegio speciali civitatis non interveniente .... domicilii voluntate ad munera civilia quemque vocari, certissimum est," et per legem 27, §. 2, D. ad municip., ubi verba sunt hæc : „Si utrobique destinato animo. »

Sed verius est, neque solam animi destinationem aut voluntatem, sine actuali habitatione domicilium constituere posse, neque etiam solam habitationem per se, etiam si longissimi temporis sit, sine permanendi animo; sed duo, voluntatem scilicet et factum habitationis requiri et adesse debere conjunctim, ita, ut habitator in eo loco perpetuo habitandi fixum et deliberatum animum habeat, et ipso etiam facto inibi sedeat, ut constat ex diversis legibus, L. 17, §. 13, D. ad municipalem „Sola domus possessio, quæ in aliena civitate comparatur, domicilium non facit," et L. 20, D. eod., „Domicilium re et facto transfertur, non nuda contestatione. »

Itaque utcumque quis in civitate aliqua res immobiles comparatas possideat, etiam domum, licet plures, nisi tamen in illis habitationem instituerit, illic domicilium non habet, ut docet ULPIANUS in lege 17 jam recitata. Ibi enim demum quisque domicilium censetur habere, ubi larem, sedes, habet, aut rerum suarum constituit majorem, partem ibique assidue versatur.

Ex dictis apparet, non omnem habitationem domicilium esse, sed illam demum, cum qua animus perpetuo commorandi concurrit. Quoties enim ex duobus illis requisitis unum deficit, ibi non esse domicilium; adeoque omnes eos, qui ex temporali causa habitant in aliquo loco, ibi quidem habitationem habere neutiquam vero domicilium contraxisse censeri. Ergo etiam si qui legationis causa aliquo venerint et dum legatione funguntur, ibi conduxerint domum, vel habitationem, tamen ibi domicilium non habent; item de iis qui venerint aliquo negotiandi, aut mercaturam discendi causa, item de studiosis; licet enim ii per mille annos, si fieri posset, in academia studiorum causa commorerentur, quandiu liquet, quod reditum in patriam meditentur, domicilium non contrahunt. L. 2, C. de incolis, 10, 39 : « Nec ipsi qui studiorum causa, aliquo loco morantur, domicilium ibi habere creduntur. »

Cum igitur sint duo ad domicilium constituendum necessaria requisita, voluntas scilicet et actualis habitatio, ac utrumque necessario debeat concurrere, quæritur : quomodo scire et probari possit, an adsint, nec ne?

Habitatio sane facilis est probationis, quippe quæ in facto consistit et incurrit in oculis : voluntas vero permanendi semper sæpe dubitationem fluctibus involvitur. Nam perdifficile est probare id quod in animo alterius et voluntate consistit. Ille autem animus vel expresse, vel tacite declaratur.

# DROIT CIVIL.

## DU DOMICILE.

### GÉNÉRALITÉS.

Le domicile, de *domum colere*, est au lieu où une personne est censée avoir fixé sa demeure, son habitation ordinaire : *Ubi quis larem rerumque ac fortunarum suarum summam constituit.*

Il faut faire une distinction entre la résidence et le domicile. La résidence est au lieu où une personne se trouve actuellement. La résidence a quelque chose de momentané; le domicile, au contraire, est permanent. C'est le lieu où l'on est censé avoir fixé sa personne juridique.

Les effets du domicile sont de faire considérer la personne comme toujours présente dans le lieu du domicile, de lui imposer certaines charges et de lui accorder certaines prérogatives.

Le domicile se divise en domicile politique et en domicile civil. Le domicile politique est au lieu où chaque citoyen exerce ses droits politiques. Il est indépendant du domicile civil; d'où il suit qu'on peut avoir son domicile politique et son domicile civil dans des lieux différents. C'est uniquement du domicile civil que nous avons à nous occuper.

Le domicile civil est au lieu où une personne est réputée toujours présente relativement à ses droits et à ses devoirs civils.

Il se divise en domicile général et en domicile spécial.

Notre thèse sera donc divisée en deux titres. Dans le premier nous traiterons du domicile général, et dans le second du domicile spécial.

# TITRE PREMIER.

## DU DOMICILE GÉNÉRAL.

## CHAPITRE PREMIER.

### *Notions et caractère du domicile général.*

Le domicile général est celui qui s'applique à la généralité des relations juridiques d'une personne. Il est au lieu où une personne est censée toujours présente, par rapport à la généralité de ses droits civils et de ses obligations civiles.

Il s'ensuit qu'une personne ne peut avoir qu'un domicile général.

L'unité du domicile a été constamment proclamée dans les discussions du conseil d'État, et M. TRONCHET[1] en signalait les effets en ces termes : « Désormais les questions de domicile ne s'élèveront plus que relative- « ment aux actions, et pour savoir devant quels juges elles doivent être « intentées. Or, sous ce rapport, un individu ne peut avoir qu'un domi- « cile. » Enfin, ce principe a été consacré par l'article 102 du Code civil.

## CHAPITRE II.

### *De l'établissement du domicile général.*

Le domicile général est établi par la loi ou par une habitation réelle. De là nous divisons le domicile général en domicile de droit et en domicile réel. Nous allons traiter de chacune de ces deux espèces de domicile dans les deux sections suivantes.

### SECTION I.<sup>re</sup>

### *Du domicile de droit.*

Le domicile de droit est celui qui est déterminé par une disposition de la loi ; en d'autres termes, c'est le lieu où certaines personnes sont,

---

1 Legislation civile, par LOCRÉ, tom. II, p. 45.

par la seule présomption de la loi, réputées toujours présentes, encore qu'elles aient leur habitation réelle dans un autre endroit.

Voyons maintenant quelles sont les personnes qui ont un domicile de droit. Cette question présentera quelques graves difficultés.

Les personnes qui ont un domicile de droit sont toutes celles qui ne jouissent pas de leurs droits; celles qui sont appelées à des fonctions à vie, et enfin celles qui travaillent habituellement chez autrui.

A. *Des personnes qui ne jouissent pas de leurs droits.* Les personnes qui ne jouissent pas de leurs droits, sont :

1.° Les femmes mariées.

« La femme mariée, porte l'article 108 du Code civil, n'a point d'autre « domicile que celui de son mari. » La loi lui attribue donc ce domicile, encore qu'elle ait sa résidence dans un autre lieu, ou que, par des circonstances quelconques, elle n'ait jamais habité le domicile de son mari. Il en serait de même dans le cas où le mari aurait consenti expressément à ce que la femme se constituât un domicile propre. La séparation de biens, soit judiciaire, soit conventionnelle, ne saurait même faire fléchir le principe posé par l'article 108.

Mais une difficulté plus grave se présente. La séparation de corps fera-t-elle exception au principe; en d'autres termes, la femme conservera-t-elle, malgré la séparation du corps, le domicile de son mari ?

Cette question divise les auteurs; quant à nous, nous n'hésiterons pas à nous prononcer pour l'affirmative.

Notre opinion est fondée sur la généralité des termes de l'article 108. Cet article ne distingue pas, et nous ne devons pas distinguer non plus. La loi, en effet, ne considère pas comme définitif l'état de séparation des époux. Les époux peuvent se réunir. La résidence de la femme hors de la maison maritale est présumée ne devoir durer qu'un certain temps. Cet état n'est en quelque sorte que provisoire. Cependant l'auteur des Pandectes françaises, M. DELAPORTE, ainsi que MM. DELVINCOURT, TOULLIER, DURANTON et PROUDHON soutiennent une opinion contraire.

2.° Les mineurs non émancipés.

Ils ont leur domicile chez leur père; à défaut de père, chez leur mère, ou enfin chez leur tuteur, même lorsque le père ou la mère survit, sans exercer la tutelle. M. DURANTON pense aussi que dans ce cas le domicile du mineur serait celui du tuteur. Quant à l'enfant naturel, il faudra lui appliquer le principe de l'article 108, et dire qu'il aura son domicile chez son père, si celui-ci l'a reconnu, et dans le cas contraire, chez sa mère, s'il a été reconnu par elle. S'il n'a été reconnu ni par l'un ni par l'autre, il n'a pour domicile, jusqu'à sa majorité ou son émancipation, que l'hospice où il est reçu. Tel serait le domicile de l'enfant adultérin ou incestueux, qui ne peut point être reconnu.

3.º Les interdits ne peuvent avoir de domicile propre; ils ont leur domicile chez leur tuteur. Les corollaires de ce principe sont que, lorsque la femme a été nommée tutrice de son mari interdit, elle pourra avoir un domicile propre, qui deviendra le domicile légal du mari.

Que les individus condamnés à la peine des travaux forcés à temps ou à la reclusion, étant pendant la durée de leur peine en état d'interdiction légale, auront leur domicile chez leur tuteur, qui leur est nommé conformément à l'article 29 du Code pénal.

B. *Des citoyens qui acceptent des fonctions conférées à vie.* Les citoyens qui acceptent des fonctions conférées à vie ont leur domicile au lieu où ils doivent exercer leurs fonctions (art. 107 du Code civil): tels sont les membres des cours et tribunaux, les pairs de France, les professeurs de facultés, etc. Il faut bien remarquer que le domicile de droit ne commence que du moment où le citoyen est entré en fonctions, c'est-à-dire au moment où il a prêté serment. En effet, ce n'est que dès ce moment qu'il est censé avoir accepté les fonctions que le gouvernement lui a conférées.

Quant au citoyen appelé à une fonction publique temporaire ou révocable, il n'a point par cela seul le domicile de droit. L'article 106 porte qu'il conserve le domicile qu'il avait auparavant, s'il n'a pas manifesté d'intention contraire. Ainsi les juges de paix, les membres des tribunaux de commerce, les procureurs généraux, etc., conservent leur domicile.

Au sujet de l'article 107 du Code civil, nous devons faire encore une observation. C'est que le fonctionnaire investi de fonctions à vie n'a pas, dans le lieu où il les exerce, son domicile d'une manière si exclusive qu'on en puisse induire, de certains actes qu'il a faits, la volonté d'en indiquer un autre, pour faire juger des contestations qui le concernent. C'est ce qui a été décidé par un arrêt de la Cour suprême du 22 février 1815.

Voici quelle était l'espèce de cet arrêt :

Un procès existait entre les héritiers du duc d'Aremberg, d'Arschott, relativement à sa succession, devant le tribunal de Bruxelles. Le duc d'Aremberg, l'un d'eux, remplissant à Paris les fonctions de sénateur, fut par acte signifié à son hôtel à Bruxelles, comme étant son domicile, intimé sur l'appel d'un jugement du tribunal de Bruxelles. Il opposa la nullité de l'exploit, en vertu de l'article 107 du Code civil et de l'article 15 de la Constitution de l'an 8, qui déclarait les sénateurs inamovibles et à vie. Il prétendait que son domicile ayant été transféré à Paris, c'était à tort qu'on l'avait assigné à Bruxelles; l'acte d'appel, selon lui, était donc nul, pour n'avoir pas été signifié à personne ou à domicile.

Les appelants disaient, de leur côté, que si, aux termes de l'article 107 du Code civil, l'acceptation de fonctions publiques conférées à vie emporte translation immédiate de domicile du fonctionnaire dans le lieu où il doit exercer ses fonctions, aucune loi ne défend à un tel fonctionnaire de conserver à la fois son ancien domicile, relativement aux poursuites ou à la défense de ses droits. Or c'est ce que l'on pouvait induire des circonstances de la cause. En effet, l'intimé, bien que revêtu des fonctions de sénateur, avait laissé subsister le bureau de ses affaires et de la régie de ses biens dans son hôtel à Bruxelles, et c'était devant le juge de paix du canton où l'hôtel était situé qu'avait été tenté le préliminaire de conciliation. L'intimé avait défendu à l'action intentée contre lui devant le tribunal civil de l'arrondissement de Bruxelles, sans exciper de ce que, dans l'acte d'assignation, son domicile était mentionné comme étant à Bruxelles. En outre, dans les qualités des jugements

15

interlocutoires et définitifs, l'intimé s'était lui-même dit domicilié à Bruxelles.

De tous ces actes aussi multipliés que positifs, qui n'avaient pas été désavoués, il résultait que l'intimé avait indiqué son hôtel à Bruxelles, comme un domicile pour tout ce qui concernait les contestations élevées entre les parties. Aussi la cour reçut les appelants, l'exploit d'appel ayant pu être valablement donné au dernier domicile, qui était à Bruxelles. Cet arrêt était, selon nous, conforme aux véritables principes. Nous croyons que le consentement judiciaire, relativement à un domicile à Bruxelles, devait équivaloir à un domicile d'élection.

C. *Des personnes majeures qui servent ou travaillent habituellement chez autrui.* Elles ont leur domicile chez leurs maîtres, mais pour cela deux conditions sont requises. La première c'est qu'elles demeurent avec eux dans la même maison. Ici se présente la question de savoir si ces personnes auront leur domicile chez leurs maîtres, lorsqu'elles n'habitent pas avec eux dans la même maison, mais bien dans une autre maison qui leur appartient. Nous adoptons la négative; la loi est précise à cet égard. Le législateur, en effet, a voulu resserrer le principe dans de justes limites, pour prévenir toute incertitude dans son application.

La seconde condition requise est que ces personnes n'aient point d'autre domicile légal. Ainsi le mineur non émancipé, quoique servant habituellement chez autrui, conservera son domicile chez son père, sa mère ou enfin chez son tuteur. Il en sera de même de la femme mariée, qui conservera son domicile chez son mari.

Terminons maintenant ce qui concerne le domicile de droit, en disant qu'il finit aussitôt que le fait qui lui servait de fondement vient de finir. Il est immédiatement remplacé par un domicile réel. Ainsi, par exemple, le domicile de la femme mariée finit par la mort de son mari, ou lorsque le mariage est annulé; le domicile du mineur, par l'émancipation ou par la majorité, etc.

## Section II.

### *Du domicile réel.*

Le domicile réel est au lieu où une personne habite, avec l'intention d'y continuer sa résidence. Il faut remarquer qu'il n'est pas nécessaire que l'habitation réelle ait duré un certain laps de temps. Ce principe souffre néanmoins exception.

### §. 1.

### *De l'établissement du domicile réel.*

Par établissement du domicile on doit entendre l'acte par lequel le domicile se forme. Le Code civil ne s'occupe que de la translation, et non de l'établissement du domicile. Cependant le projet du Code civil, tel qu'il avait été présenté par la section de législation, contenait un article ainsi conçu : «Le domicile se formera par l'intention, jointe au «fait, d'une habitation réelle, etc.» Mais le conseil d'État jugea à propos de retrancher cet article, par le motif que l'hypothèse de l'établissement du domicile ne peut pas se présenter.

Il semble en effet, au premier abord, que toute personne a un domicile d'origine; mais c'est là une erreur. La question de l'établissement du domicile peut se présenter, par exemple, pour les enfants d'un Français résidant en pays étranger, lorsqu'ils viennent demeurer en France.

Pourquoi l'hypothèse de l'établissement du domicile ne pourrait-elle plus se présenter aujourd'hui, puisqu'elle pouvait se présenter avant le Code civil? ARGOU[1] parle en effet de l'établissement du domicile, et il dit : «Il faut deux choses pour l'établir, l'habitation réelle et la volonté «de se fixer au lieu que l'on habite.» Il en est de même aujourd'hui, et nous pensons que l'intention d'établissement de domicile doit se constater au moyen d'une déclaration faite à la municipalité du lieu où l'on veut l'établir.

---

1 Institution au Droit français.

## §. 2.

### *Du changement de domicile réel.*

Chacun peut à son gré transporter son domicile d'un lieu dans un autre. Cependant nul ne peut, par l'exercice de cette faculté, changer le for d'une contestation déjà liée, ni se soustraire aux poursuites de ses créanciers.

Aux termes de l'article 103 du Code civil, le changement de domicile s'opère par le fait d'une habitation réelle dans un autre lieu, joint à l'intention d'y fixer son principal établissement. Deux conditions sont donc essentielles pour qu'il y ait changement de domicile.

La seule habitation réelle dans un autre lieu n'emporte pas translation de domicile; le premier domicile se conserve par la seule intention, et cette intention se présume toujours : c'est une présomption légale *juris tantum*, qui ne peut être détruite que par la preuve d'une volonté contraire.

La volonté de changer de domicile se prouve par une déclaration faite tant à la municipalité du lieu que l'on quitte, qu'à celle de celui où l'on va s'établir (art. 104 du Code civil).

A défaut de déclaration expresse, la preuve de cette volonté résultera des circonstances.

Les circonstances qui peuvent faire présumer l'intention sont, par exemple :

1.º Si la personne réside dans le lieu où elle est née; car elle est censée vouloir conserver son domicile d'origine.

2.º Si elle exerce ses droits politiques dans le lieu où elle a son habitation.

3.º Si l'individu acquitte ses contributions personnelles dans le lieu où il a sa résidence; surtout si l'inscription du nom de l'individu au rôle personnel de la commune coïncide avec la radiation de son nom au rôle de ladite contribution dans une autre commune. De ces circonstances résulte évidemment l'intention de changer de domicile.

3

# CHAPITRE III.

## *Des effets du domicile général.*

Les effets du domicile général sont relatifs à la compétence des autorités publiques et des officiers ministériels.

L'établissement du domicile général entraîne la compétence des autorités du lieu du domicile :

1.° Pour tous les actes extrajudiciaires, pour lesquels la personne domiciliée a besoin de l'intervention des autorités.

Ces actes extrajudiciaires sont: le mariage, l'adoption, l'émancipation, les nominations de tuteur, les renonciations aux successions, les acceptations sous bénéfice d'inventaire.

Quant au mariage, l'article 74 du Code veut que le mariage soit célébré dans la commune où l'un des deux époux aura son domicile; mais il ajoute que le domicile, pour ce qui concerne le mariage, ne peut s'établir que par six mois de résidence continue dans la même commune. C'est une exception au principe que le domicile ne s'établit point par simple résidence, mais par le fait et l'intention de fixer dans un lieu son principal établissement.

Ici se présente naturellement la question de savoir quel est, par rapport au mariage, le domicile des militaires. Cette question est subordonnée aux articles 89, 95 et 96 du Code civil pour les militaires à l'étranger, et à un avis du conseil d'État[1] pour les militaires sur le territoire français.

---

1 Du 2.ᵉ jour complémentaire an 13. „Considérant que l'art. 165 du Code civil porte que le mariage sera célébré par l'officier civil du domicile de l'une des parties; que ce domicile, aux termes de l'article 74, est acquis par six mois d'habitation continue dans la même commune; que les articles 94 et 95 du Code civil ne concernent que les militaires hors du territoire de l'empire; mais qu'il n'y a nulle exception en faveu, des militaires en activité de service dans l'intérieur : est d'avis que les militaires, lorsqu'ils se trouvent sur le territoire de l'empire, ne peuvent contracter mariage que

2.° Pour tous les actes judiciaires tendant à obtenir contre la personne domiciliée l'exécution forcée de ses engagements.

Ainsi, c'est le domicile général d'une personne qui règle le tribunal où elle doit être assignée quant aux actions personnelles, aux termes des articles 2, 59 et 68 du Code de procédure civile. [1]

Du principe de l'unité du domicile général il résulte, qu'on ne peut point avoir un domicile litigieux, *ad litem*, distinct du domicile général. Le domicile *ad litem* serait le domicile qui ne concernerait que les actes judiciaires. Si un domicile litigieux pouvait exister indépendamment du domicile général, ce serait toujours devant le tribunal du lieu de ce domicile *ad litem* que le défendeur pourrait être assigné.

Le domicile litigieux ne saurait résulter, soit de ce qu'un individu aurait un établissement dans un autre lieu que celui où il a le siége de sa famille et son domicile réel, soit d'actes et de décisions judiciaires antérieures, et qui n'ont été ni désavouées ni attaquées. Le contraire a néanmoins été jugé par un arrêt de la Cour de cassation du 28 décembre 1815.

C'est aussi ce domicile qui détermine le tribunal devant lequel doivent être portées toutes les actions concernant les successions, telles que les questions de partage, de paiement de dettes, etc. L'article 822 du Code civil porte : « L'action en partage et les contestations qui s'élèvent dans « le cours des opérations, sont soumises au tribunal du lieu de l'ouver- « ture de la succession. C'est devant ce tribunal qu'il est procédé aux

---

devant l'officier de l'État civil des communes où ils ont résidé sans interruption pendant six mois, ou devant l'officier de l'État civil de la commune où leur future épouse a acquis le domicile fixé par l'article 74 du Code civil, et après avoir rempli les formalités prescrites par les articles 166, 167 et 168. »

1 Art. 2. « En matière purement personnelle et mobilière, la citation sera donnée « devant le juge du domicile du défendeur, s'il n'a pas de domicile, devant le juge de « sa résidence. »

Art. 59. « En matière personnelle, le défendeur sera assigné devant le tribunal de « son domicile; s'il n'a pas de domicile, devant le tribunal de sa résidence. »

Art. 68. « Tous exploits seront faits à personne ou domicile, etc. »

« licitations, et que doivent être portées toutes demandes relatives à la
« garantie des lots entre copartageants et celles en rescision de partage. »
Voyez aussi article 5g, alinéa 6, du Code de procédure.

C'est encore le domicile de la personne qui détermine le tribunal
devant lequel on doit porter les demandes en interdiction ou en déclaration d'absence (art. 115 et 49 du Code civil).

## TITRE II.

### DU DOMICILE SPÉCIAL.

### CHAPITRE PREMIER.

### *Notion et caractère du domicile spécial.*

Le domicile spécial est celui qui ne concerne que certaines relations
juridiques déterminées.

Il suit de cette définition :

1.° Qu'on peut avoir plusieurs domiciles spéciaux, tandis qu'on ne
peut avoir qu'un domicile général ;

2.° Que celui-ci peut exister simultanément avec un ou plusieurs
domiciles spéciaux ;

3.° Que les effets des uns n'empêchent pas les effets de l'autre.

Il faut faire observer dès à présent, que le domicile spécial s'établit
quelquefois par une simple résidence ou par le choix que fait une
partie. Dans ce dernier cas, le domicile prend le nom de domicile élu,
dont nous allons traiter dans le chapitre suivant.

## CHAPITRE II.

### *Du domicile élu.*

On appelle domicile élu, celui qui résulte du choix des personnes
ou de la convention des parties, pour l'exécution d'un acte.

Ce choix peut être volontaire ou forcé, en vertu d'une disposition de la loi. Nous n'avons pas à nous occuper ici de l'élection forcée du domicile.

Dans cette matière nous aurons à examiner comment se fait l'élection de domicile, quels sont les effets du domicile élu, et comment s'opère le changement de cette espèce de domicile.

### Section I.<sup>re</sup>

#### *Comment se fait l'élection de domicile.*

L'élection volontaire peut être faite par les deux parties, ou par l'une d'elles seulement.

« Lorsqu'un acte, porte l'article 111 du Code civil, contiendra de la « part des parties ou de l'une d'elles, élection de domicile pour l'exé-« cution de ce même acte dans un autre lieu que celui du domicile réel, « les significations, demandes et poursuites relatives à cet acte, pourront « être faites au domicile convenu et devant le juge de ce domicile. »

De la rédaction imparfaite de l'article 111, on pourrait tirer l'induction que l'élection du domicile doit être faite dans l'acte même pour l'exécution duquel le domicile est élu. Cependant il n'en est pas ainsi ; l'omission, dans un contrat de l'élection de domicile, propre à faciliter son exécution, peut être réparée dans un acte postérieur et séparé, et du consentement respectif des parties.

*Quid*, si dans une procuration le mandant donne pouvoir d'élire domicile, ce pouvoir équivaut-il à une élection de domicile dans la demeure du mandataire ? Évidemment non. Cependant la question a été décidée affirmativement par un arrêt de rejet de la Cour de cassation, du 24 juin 1806. Cette décision n'est nullement conforme aux véritables principes. M. DELVINCOURT s'élève avec raison contre cet arrêt. « On n'a jamais pu « prétendre, dit cet auteur [1], que le pouvoir d'élire domicile emporte « élection ; c'est comme si l'on disait que le pouvoir de vendre emporte

---

[1] Cours de Code civil, tom. I, pag. 82.

«vente, que le pouvoir de prêter emporte prêt.» MERLIN, au sujet de cette décision, fait aussi cette remarque : «Que dire d'un pareil arrêt? «*Legibus non exemplis judicandum.*» Quant à nous, nous ajouterons que cet arrêt isolé ne doit faire aucune sensation en jurisprudence.

## SECTION II.

### *Des effets du domicile élu.*

Nous poserons un premier principe, c'est que les effets du domicile élu sont en général les mêmes, soit que l'élection du domicile ait été volontaire ou forcée.

D'après l'article 111 précité, l'élection du domicile a pour effets :

1.º De proroger la compétence du tribunal du domicile élu.

L'élection de domicile renferme, en effet, une convention, par laquelle l'une des parties se soumet, en faveur de l'autre, à la juridiction du domicile élu, pour tout ce qui concerne l'exécution forcée de l'acte en vue duquel elle est faite. C'est en quelque sorte une renonciation anticipée à l'exception de renvoi pour cause d'incompétence, soit en matière réelle, soit en matière personnelle.

*Quid*, lorsqu'une partie, qui a fait élection de domicile en sa demeure, a transféré sa résidence ailleurs, peut-elle être assignée à ce domicile, ou doit-elle être assignée devant le tribunal du lieu de sa nouvelle demeure?

Elle doit être assignée au lieu du domicile qu'elle a quitté; car il est à présumer que les parties l'ont entendu de cette manière. Toutefois nous pensons que c'est au juge à interpréter cette convention de domicile, *multum arbitrio judicis permissum esse videtur.* La question a été décidée dans notre sens par un arrêt de la Cour royale de Colmar, du 5 août 1809. Mais cet arrêt a plutôt décidé en fait qu'en droit. Les circonstances de la cause faisaient présumer que la partie, en élisant domicile en sa demeure, avait entendu parler du domicile qu'elle avait, lors de la passation de l'acte, nonobstant absence ou changement de domicile.

Nous devons faire remarquer ici, qu'il ne faut pas assimiler à l'élection de domicile la simple indication d'un lieu pour le paiement d'une obligation non commerciale. C'est ainsi que l'indication d'un lieu pour le paiement d'une lettre de change souscrite par des mineurs non commerçants, par des femmes mariées ou par des filles non marchandes publiques, ne constituerait point une élection de domicile, et ne serait point, par conséquent, attributive de juridiction.

2.° De rendre valables les significations et sommations faites à la personne résidant au lieu du domicile élu.

Mais quels sont les actes dont la signification peut être valablement faite au domicile élu ? Les auteurs ne sont point d'accord sur cette matière, qui présente de graves difficultés et qui a donné lieu à de nombreux arrêts. En principe général, il faut dire que les seules significations qui pourront être valablement faites au domicile élu, doivent avoir un rapport direct avec l'acte contenant l'élection de domicile; telles, par exemple, que les oppositions à cet acte, les demandes en main levée d'opposition, celles d'élargissement. Il faut bien observer que l'appel, soit des jugements intervenus sur ces dernières demandes, soit des jugements servant de base aux actes d'exécution qui contiennent élection de domicile, ne peut nullement être signifié au domicile élu, il faut, dans ce cas, faire application de l'article 546 du Code de procédure.

Il y a cependant une exception à ce principe, c'est celle de l'article 584 du Code de procédure civile; d'après cet article, la signification de l'appel du jugement en vertu duquel il y a commandement à fin d'exécution, est valablement faite au domicile élu par ce commandement ou par acte contenant élection de domicile et signifié postérieurement à ce commandement, mais toujours dans le lieu où l'exécution doit avoir lieu.

En tous cas, il faut bien observer que le domicile élu ne constitue qu'un domicile imparfait; et la disposition du Code civil, article 111, répétée par l'article 59 du Code de procédure, veut que, lorsqu'il y a eu élection de domicile, le demandeur ait le choix de former les significations, demandes et poursuites concernant l'exécution de ces actes, soit devant le tribunal du domicile élu, soit devant celui du lieu où est le domicile réel du défendeur. Ce principe toutefois souffre une restriction dans le cas où l'élection de domicile a été faite dans l'intérêt exclusif du défendeur.

SECTION III.

*Du changement du domicile élu.*

L'élection de domicile conserve sa force même après la mort des parties contractantes; elle lie leurs héritiers ou ayant cause, conformément au principe de l'article 1122 du Code civil.

Le changement du domicile élu est volontaire ou forcé.

Il est forcé, lorsque la personne chez qui on a fait élection de domicile, refuse d'accepter le mandat qui lui est donné, qu'elle y renonce, ou qu'elle vient à mourir. Alors, en effet, on est tenu de choisir un domicile chez une autre personne du même lieu.

Le changement volontaire du domicile élu s'opère par la substitution qui peut être faite, soit du consentement des deux parties, soit par la volonté de celui qui a fait élection de domicile. Il faut le concours de toutes les parties, lorsque le nouveau mandataire ne demeure pas dans le même lieu que le premier. Ainsi, celui qui a élu domicile à Paris peut révoquer ce domicile et le transporter dans une autre maison de Paris, sans le consentement de l'autre partie. C'est ce qui a été décidé par un arrêt de la Cour de cassation, du 19 janvier 1814, et cet arrêt, selon nous, est conforme aux véritables principes de la matière. En effet, l'élection de domicile confère une espèce de mandat à la personne désignée, qui réside au lieu du domicile élu. Or, aux termes de l'article 2003 du Code civil, le mandant peut révoquer son mandataire. Il serait contraire à tous les principes, de contraindre la partie qui a fait élection de domicile, de le conserver chez la personne qui n'a plus sa confiance.

# DROIT CRIMINEL.

## DES DEMANDES EN RENVOI EN MATIÈRE CRIMINELLE.

### SECTION PREMIÈRE.

*Notions et caractère de la demande en renvoi.*

En général le renvoi est un acte par lequel l'autorité compétente ordonne que la connaissance d'une affaire dont un juge est déjà saisi, sera portée devant un autre de la même qualité.

Il ne faut pas confondre les renvois avec les règlements de juges. Par le règlement de juges, l'autorité judiciaire supérieure décide un conflit existant entre deux tribunaux également saisis d'une même affaire. Le règlement de juges a donc toujours pour cause un conflit, et pour objet une question de compétence ou d'incompétence. Le renvoi est fondé sur toute autre cause que l'incompétence ; il ne suppose jamais deux tribunaux saisis concurremment d'une même affaire. Il a pour cause des circonstances graves, qui font craindre que la marche de la justice ne soit influencée par la passion.

Il peut y avoir renvoi d'un tribunal à un autre, en matière civile comme en matière criminelle. En matière civile, les sources sont contenues dans les articles 368 à 377 inclusivement du Code de procédure.

Nous n'avons à nous occuper ici que des demandes en renvoi en matière criminelle, dont les sources sont contenues dans les articles 542 à 552 inclusivement du Code d'instruction criminelle. Ces règles sont de droit strict, et ne peuvent être suppléées par le Code de procédure civile.

## SECTION II.

### *Fondements de la demande en renvoi.*

Les causes de la demande en renvoi sont :

1.° La sûreté publique.

La sûreté publique peut être en effet troublée, selon la nature des accusations et l'influence que l'accusé ou le prévenu exerce dans le lieu où l'affaire s'instruit, ou dans celui où elle doit être jugée. S'il s'agit d'un accusé pour délit politique, on peut avoir à redouter des émeutes populaires en faveur de l'accusé ou contre le Gouvernement.

C'est ainsi qu'en 1834, les accusés de délit de Lyon furent renvoyés à la cour d'assises de Riom, parce qu'on craignait que leur jugement à la cour d'assises de Lyon ne suscitât de nouveaux troubles.

Ces émeutes sont encore à redouter lorsque l'accusé est puissant, ou qu'il a su émouvoir et séduire les passions de la multitude.

Il faut bien remarquer que les circonstances qui peuvent compromettre la tranquillité publique ne sont point déterminées et définies d'une manière précise; elles sont laissées à l'appréciation du Gouvernement : c'est à lui à les indiquer.

2.° La suspicion légitime.

Il y a suspicion, lorsque les parties soupçonnent leurs juges d'injustice. Il y a suspicion légitime, lorsque les parties ont un juste sujet de craindre que les juges ne conservent pas cette impartialité sans laquelle la justice n'est plus que l'instrument des passions humaines.

Les causes de suspicion légitime sont ou bien un intérêt fort vif en faveur de l'accusé, ou au contraire l'intérêt personnel des juges, ou des inimitiés, ou des préventions. Il faut observer que la parenté ou l'alliance peut être un motif de suspicion légitime, et, par conséquent, autoriser le renvoi. Il en est de même de la récusation d'un tribunal entier. C'est ce qui a été décidé par un arrêt de la Cour suprême du 8 février 1811.

3.° L'impossibilité absolue de compléter le tribunal.

Les deux causes de renvoi dont nous venons de parler sont les seules que détermine le Code d'instruction criminelle.

Si cependant, par une circonstance quelconque, un tribunal se trouvait dans l'impossibilité de se compléter, comme par exemple pour cause de maladie, d'absence, ou par suite de récusation, il y aurait lieu, par la seule force des choses, de demander le renvoi devant un autre tribunal.

## SECTION III.

### Qui peut former la demande en renvoi?

Il faut distinguer si la demande a pour fondement la suspicion légitime ou bien la sûreté publique.

Dans le premier cas, la demande peut être formée par les parties intéressées, qui sont la partie publique, le prévenu ou l'accusé, et la partie civile.

Comme il s'agit ici d'intérêt privé, les parties peuvent renoncer d'abord à cette exception de renvoi: *unicuique licet juri in favorem suum introducto renuntiare.* Mais cette renonciation ne doit point s'étendre à la suspicion légitime fondée sur des causes survenues depuis. C'est ce qui résulte de l'article 543 du Code d'instruction criminelle. « La partie in-« téressée qui aura procédé volontairement devant une cour, un tribunal « ou un juge d'instruction, ne sera reçue à demander le renvoi qu'à « raison des circonstances survenues depuis, lorsqu'elles seront de nature « à faire naître une suspicion légitime. »

Dans le second cas, il n'y a que l'intérêt public qui soit intéressé au renvoi, et par conséquent le ministère public seul peut le demander. Ce n'est pas aux parties, en effet, qu'il appartient de veiller au maintien de la sûreté publique; c'est au Gouvernement à prendre ses mesures pour que l'ordre public ne soit nullement troublé.

## SECTION IV.

### Du for en matière de demande en renvoi.

La seule autorité compétente pour prononcer sur la demande en renvoi, est la Cour de cassation, soit que le renvoi soit requis par le ministère public, soit que la demande soit formée par les parties intéressées. Il en est différemment en matière civile. La compétence à cet égard, que les lois antérieures accordaient indéfiniment à la Cour de cassation a été modifiée, comme on peut le voir, par les articles 368 et suivants du Code de procédure.

Conformément à ces articles, le tribunal saisi est compétent pour prononcer le renvoi devant un autre tribunal. Avant le Code de procédure c'était aussi à la Cour de cassation à prononcer le renvoi. La loi du 22 frimaire an 8, attribuait à la Cour de cassation la connaissance de toutes les demandes en renvoi. Cette attribution se trouve répétée dans la loi du 29 frimaire an 8, et dans le Code d'instruction criminelle. C'est ici le cas de faire remarquer, que le Code d'instruction criminelle garde le silence sur le renvoi pour cause de parenté ou d'alliance, et que le Code de procédure civile autorise le renvoi pour ces mêmes causes, renvoi qui doit être prononcé par le tribunal saisi. Il faut bien se garder de croire que le Code d'instruction criminelle doit être suppléé par le Code de procédure, et qu'on doit appliquer dans ce cas l'article 368. Si on faisait application de l'article 368, le renvoi pour parenté et alliance pourrait être demandé devant un tribunal correctionnel ou de police, ce qui serait contraire aux dispositions de l'article 542, d'après lesquels la Cour de cassation est seule compétente pour prononcer le renvoi.

## SECTION V.

### *De la manière de former la demande en renvoi.*

Quant à la formalité de la demande en renvoi, elle est la même que pour la demande en règlement de juges.

Les parties intéressées forment leur demande en renvoi par une requête adressée à la section criminelle de la Cour de cassation. La requête doit contenir l'exposé des motifs, et on doit y joindre les pièces à l'appui.

Toutefois, lorsqu'il s'agit d'une demande en renvoi pour cause de sûreté publique, l'officier chargé du ministère public sera tenu d'adresser la demande, ses motifs et les pièces à l'appui au ministre de la justice, qui, s'il le juge convenable, la transmettra au procureur général de la Cour de cassation, pour qu'il fasse statuer.

Le motif de cette différence avec le cas où l'officier du ministère public forme sa demande en renvoi pour cause de suspicion légitime est facile à comprendre. Il résulte de ce que le Gouvernement, étant le principal appréciateur du plus ou moins d'influence qu'une affaire peut avoir sur la sûreté publique, c'est à lui que le ministère public doit d'abord envoyer les pièces, pour qu'il juge s'il doit ou non saisir la Cour de cassation.

Le Gouvernement peut aussi directement, par l'organe du procureur général près la Cour de cassation, provoquer le renvoi d'un tribunal à un autre, mais seulement pour cause de sûreté publique.

## SECTION VI.

### *De l'instruction de la demande en renvoi.*

L'instruction est l'ensemble des actes qui ont pour objet d'éclairer les juges pour les mettre en état de prononcer.

Les demandes en renvoi doivent s'instruire d'une manière sommaire, aux termes de l'article 525 du Code d'instruction criminelle.

Il s'ensuit, que les affaires de demandes en renvoi ne peuvent pas être mises en délibéré, la Cour prononce sur le vu de la requête et des pièces.

Du reste, la Cour de cassation, dans l'appréciation des motifs sur lesquels sont fondées les demandes en renvoi, fonde sa conviction comme jury souverain, qui n'est obligé de suivre que les impressions de sa conscience.

La Cour est donc autorisée à s'entourer de toutes les lumières, de tous les renseignements, qui pourront fixer son opinion et déterminer sa conviction.

## SECTION VII.

### *Du jugement de la demande en renvoi.*

La Cour de cassation doit statuer sommairement sur la demande en renvoi, au vu de la requête et des pièces à l'appui.

Les arrêts de la demande en renvoi, comme tous les jugements, se divisent en arrêts avant faire droit, et arrêts définitifs.

### §. 1.ᵉʳ

#### *Des arrêts avant faire droit.*

Il peut arriver, que la Cour de cassation ne se croit pas assez éclairée par les pièces et documents qu'elle a sous les yeux; alors elle prononce un arrêt avant faire droit, c'est-à-dire, avant d'accorder ou de rejeter la demande.

Ces arrêts avant faire droit ont pour objet d'ordonner la communication des pièces ou toute autre mesure d'instruction préparatoire, par exemple une enquête.

Pour ce qui concerne la communication, il faut examiner trois choses : à qui la communication doit-elle être ordonnée? que doit contenir l'arrêt de communication? et quel est l'effet de la notification aux parties?

D'abord, à qui la communication doit-elle être ordonnée?

A cet égard, il faut distinguer si la demande a été formée par l'accusé, le prévenu ou la partie civile, ou par l'officier chargé du ministère public.

Dans le premier cas, l'arrêt ordonne la communication de la demande à l'officier chargé du ministère public près la Cour, le tribunal ou le juge d'instruction saisi de la connaissance du délit, et enjoint à cet officier de transmettre les pièces avec son avis motivé sur la demande en renvoi; l'arrêt ordonne de plus, s'il y a lieu, que la communication sera faite à l'autre partie (art. 546 du Code d'instr. crim. ).

Dans le second cas, l'arrêt ordonne que la communication sera faite aux parties, c'est-à-dire, au prévenu, à l'accusé ou à la partie civile (art. 547 du Code d'instr. crim.).

L'arrêt de soit communiqué doit, 1.° faire mention sommaire des causes et circonstances sur lesquelles la demande est fondée; 2.° fixer, selon la distance des lieux, le délai dans lequel les pièces et les avis motivés seront rapportés au greffe.

La notification qui sera faite aux parties de l'arrêt de soit communiqué, emportera, de plein droit, sursis au jugement du procès, conformément à la disposition de l'article 531 du Code d'instruction criminelle, rappelée par l'article 550 du même Code.

## §. 2.

### Des arrêts définitifs.

L'arrêt définitif est celui qui admet ou qui rejette la demande.

Quant à l'arrêt d'admission, nous aurons à parler de la notification de l'arrêt et de l'opposition à l'arrêt.

La notification de l'arrêt doit être faite à la diligence du procureur général près la Cour de cassation, et par l'intermédiaire du ministre de la justice, soit à l'officier chargé du ministère public, près la Cour, le tribunal ou le juge d'instruction dessaisi, soit à la partie civile, au prévenu ou à l'accusé. Ces notifications doivent être faites à la personne ou au domicile élu (art. 540 du Code d'instr. crim.).

La notification doit être faite au ministère public, afin qu'il sache officiellement qu'il ne peut plus procéder devant le tribunal ou la Cour primitivement saisie.

Elle doit être faite aux parties intéressées, afin qu'elles puissent former opposition à l'arrêt dans le délai voulu.

La loi permet de faire opposition à l'arrêt de renvoi (art. 545 du Code d'instr. crim.).

L'opposition est une voie de recours ouvert à ceux qui n'ont pas été entendus.

Il s'ensuit :

1.° Que ce moyen de recours n'est pas accordé au demandeur, puisqu'il a donné ses raisons;

2.° Qu'il n'est jamais accordé non plus au ministère public; on en conçoit facilement le motif. Le ministère public en France est un, et par conséquent l'officier du ministère public près la Cour ou le tribunal dessaisi a été entendu devant la Cour suprême, par l'organe du procureur général près cette même Cour, qui a dû nécessairement faire un réquisitoire;

3.° Que l'arrêt prononçant le renvoi ne pourra pas être attaqué par la voie de l'opposition, lorsqu'il aura été précédé d'un arrêt de soit communiqué dûment exécuté. L'arrêt de soit communiqué est exécuté lorsqu'il a été notifié à la partie, ou que cette dernière a transmis les pièces et moyens de défense à la Cour suprême. C'est à la partie qui ne s'est point présentée devant la Cour ou qui n'a pas fait parvenir ses pièces, à s'imputer cette négligence.

Il nous reste à parler maintenant du délai de l'opposition.

Le délai de l'opposition est de trois jours, à partir de la notification de l'arrêt faite au prévenu, à l'accusé ou à la partie civile.

L'opposition reçue a pour effet d'emporter, de plein droit, sursis au jugement du procès par la nouvelle Cour ou par le nouveau tribunal.

Mais il faut examiner quel sera le sort des actes déjà faits par la Cour, le tribunal ou le magistrat dessaisi. Ces actes sont annulés ou conservés par la Cour de cassation, qui doit statuer à cet égard, par l'arrêt même de renvoi, conformément aux articles 551 et 536 du Code d'instruction criminelle. La Cour peut statuer expressément ou tacitement. Les actes sur lesquels la Cour de cassation n'aura pas expressément statué, se trouveront nécessairement maintenus, et ne seront plus sujets à la censure de la Cour. Aucune contestation désormais ne pourra s'élever sur les actes qui auront précédé à l'arrêt de renvoi et qui n'auront pas été annulés.

Nous dirons, en terminant, que l'arrêt par lequel la Cour a rejeté une demande en renvoi, n'exclura pas une nouvelle demande en renvoi fondée sur des faits survenus depuis.

FIN.